Plantando as árvores do Quênia

A HISTÓRIA DE WANGARI MAATHAI

Claire A. Nivola

TRADUÇÃO Isa Mesquita

Wangari Maathai conta que na fazenda onde passou a infância, nas montanhas da região central do Quênia, a terra era vestida com sua roupagem verde.

Figueiras, oliveiras, crótons e flamboaiãs cobriam a superfície e peixes povoavam as águas límpidas dos riachos.

Naquele tempo, a figueira era sagrada e Wangari sabia que não era permitido perturbá-la nem levar para casa seus galhos caídos para acender o fogo.
No riacho perto do lugar em que morava, onde ia pegar água para a mãe, ela brincava com os reluzentes ovos de rã tentando juntá-los como contas de um colar, mas eles escorriam pelos dedos de volta para as águas claras.

A beleza do Quênia em que havia nascido preenchia seu coração quando partiu para cursar uma faculdade dirigida por freiras beneditinas nos Estados Unidos, longe, longe de sua casa. Lá ela estudou biologia, a ciência dos seres vivos. Foi um período muito estimulante para Wangari. Os estudantes americanos daquela época sonhavam em construir um mundo melhor. As freiras, também, ensinaram Wangari a pensar não apenas em si, mas no mundo além dela.

Com que animação ela voltou para sua terra! Quantas esperanças e aprendizado ela trazia!

Wangari tinha ficado cinco anos fora do país, apenas cinco anos, mas pareciam vinte, de tão mudada que estava a paisagem do Quênia.

As figueiras estavam cortadas, os riachos secos e não se via sinal de rãs, girinos ou dos ovos de contas prateadas. Onde antes havia pequenos sítios com o necessário para a subsistência de cada família e grandes plantações de chá para exportação, agora existiam quase só fazendas

que produziam para vender. Wangari se deu conta de que as pessoas não cultivavam mais o que consumiam, e sim compravam nos mercados. Nesses lugares o alimento era caro; além disso, o pouco que podiam adquirir não tinha a mesma qualidade do que antigamente se plantava, então as crianças e mesmo os adultos estavam fracos e constantemente doentes.

No lugar das montanhas de ricas florestas, com vacas e ovelhas pastando, agora a terra estava quase sem árvores, os bosques tinham desaparecido. Tantas árvores haviam sido cortadas com o objetivo de limpar a área para as fazendas que mulheres e crianças precisavam andar longas distâncias à procura de lenha para aquecer as panelas ou a casa. Às vezes andavam horas até encontrar uma árvore ou arbusto para cortar. Era cada vez menor o número de árvores e a maior parte da terra estava nua como um deserto.

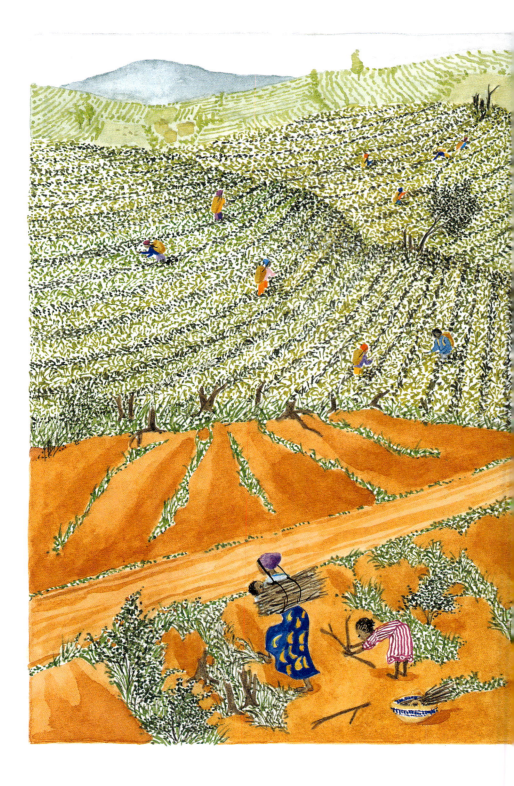

Sem árvores, não havia raiz para segurar o solo. Sem árvores, não havia sombra. A rica camada da superfície da terra secou até virar pó e o "vento malévolo" o assoprava para longe. A chuva arrastava a terra solta para os riachos e rios que um dia foram limpos, sujando-os com sedimentos.

— Não temos água limpa para beber — reclamavam as mulheres do campo — nem lenha para cozinhar. Nossas cabras não têm mais onde pastar, então produzem pouco leite. Nossas crianças estão famintas e estamos mais pobres.

Wangari viu que as pessoas que antes respeitavam as figueiras e que agora as cortavam tinham se esquecido de cuidar da terra que as alimentava. Fraca e sofrida, a terra já não podia mais cuidar das pessoas, e a vida de todos ficou mais difícil que nunca.

As mulheres culpavam umas às outras, culpavam o governo, mas Wangari não reclamava. Ela queria fazer alguma coisa.

— Pensem no que estamos fazendo — pediu ela às mulheres. — Estamos cortando as árvores do Quênia. Quando percebermos que somos parte do problema — disse —, poderemos nos tornar parte da solução.

Ela havia tido uma simples e grande ideia.

— Por que não plantar árvores? — perguntou ela às mulheres.

Wangari mostrou como coletar sementes das árvores restantes. Ensinou como preparar a terra, misturando-a com esterco. Mostrou como molhar o solo, fazer um buraco nele com um pedaço de pau e cuidadosamente inserir a semente. Mais do que tudo, ela ensinou a cuidar dos brotos, como se fossem bebês, molhando-os duas vezes por dia para ter certeza de que cresceriam fortes.

Não foi nada fácil. Era difícil ter água. Frequentemente as mulheres tinham de cavar um buraco profundo com as mãos e entrar nele para carregar pesados recipientes de água sobre a cabeça e sair dele. Um viveiro em estágio inicial do quintal de Wangari não foi para frente; a maioria das mudas morreu. Wangari, porém, não desistiu e mostrou às demais como não desistir.

Muitas das mulheres não sabiam ler nem escrever. Elas eram mães e agricultoras. Ninguém as levava a sério.

No entanto, elas não precisavam de estudo para plantar árvores. Elas não precisavam esperar que o governo as ajudasse. Elas começaram a mudar a própria vida.

O trabalho era pesado, mas as mulheres estavam orgulhosas. Devagar, ao redor delas, puderam começar a ver o fruto do trabalho de suas mãos. Os bosques estavam crescendo de novo. Agora, quando elas cortavam uma árvore, plantavam duas no lugar. Suas famílias estavam mais saudáveis, se alimentando das árvores frutíferas que plantavam e dos canteiros de vegetais cheios de mandioca, inhame, ervilhas e sorgo, que cresciam tão bem. Elas tinham trabalho a fazer, e o trabalho as uniu, como as árvores crescendo juntas nas montanhas reflorestadas.

Os homens viram o que suas mulheres, mães e filhas estavam fazendo e as admiraram e até se juntaram a elas.

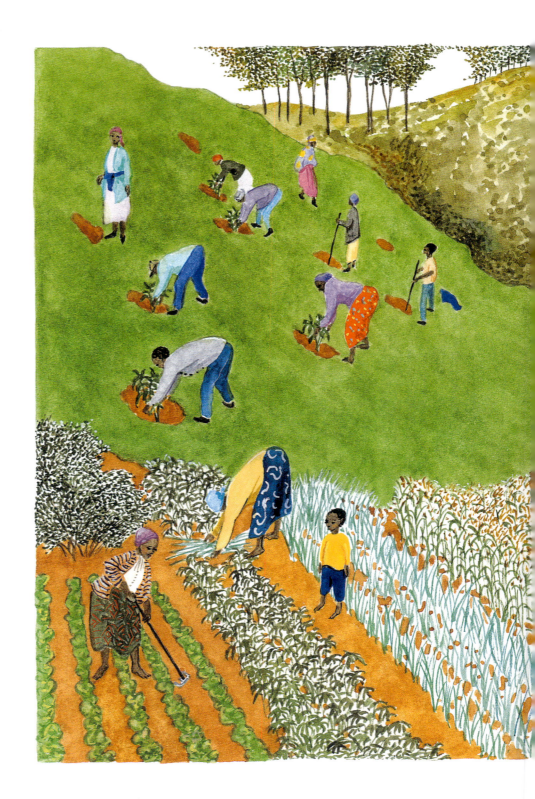

Wangari deu mudas para as escolas e ensinou as crianças a cultivar os próprios viveiros.

Ela deu mudas para os prisioneiros e para os guardas.

— Vocês têm armas — disse ela aos soldados —, mas o que estão protegendo? O país inteiro está desaparecendo com o vento e com a água. Vocês precisam segurar a arma com a mão direita e uma muda de árvore com a mão esquerda. Assim vocês se tornarão bons soldados.

Desde que, há trinta anos, Wangari começou seu movimento, árvore por árvore, pessoa por pessoa, trinta milhões de árvores foram plantadas no Quênia — e o reflorestamento não cessou.

— Quando o solo está exposto — diz Wangari —, está pedindo ajuda, está nu, e precisa ser vestido. É a natureza da terra. Precisa de cor, precisa de sua roupagem verde.

NOTA DA AUTORA

Em 2004, Wangari Maathai foi a primeira mulher da África a receber o Prêmio Nobel da Paz. Foi concedido pela conexão que ela fez entre a saúde do meio ambiente de seu país e o bem-estar de seu povo. No Quênia, onde a maioria da população depende diretamente da terra para sobreviver, essa conexão é evidente.

Wangari Maathai nasceu em 1940, quando o Quênia ainda era colônia britânica. Filha de agricultor, cresceu nas Montanhas Centrais, um fértil campo montanhoso povoado pelos europeus depois que os britânicos construíram a estrada de ferro na região no século XIX. Os estrangeiros se apossaram das melhores terras e estabeleceram enormes plantações, usando trabalhadores quenianos. Famílias locais cultivavam os pedaços restantes, vivendo do que plantavam. Esse era o Quênia que Wangari conhecia antes de sair para estudar biologia no Mount St. Scholastica College (hoje conhecido como Benedictine College) em Atchison, Kansas, Estados Unidos.

Em 1963, quando Wangari estava estudando fora, o Quênia tornou-se independente da Inglaterra. Quando voltou, em 1966, e nos anos seguintes, ela percebeu grandes mudanças. A população do Quênia estava crescendo rapidamente. A terra não parecia ser capaz de alimentar todo mundo.

Os métodos de agricultura tradicionais foram aos poucos abandonados, pequenos fazendeiros, em número cada vez maior, se voltavam para a agricultura comercial, mais e mais terras eram devastadas para plantação e os bosques restantes eram cortados para as necessidades domésticas. Wangari percebeu mais pobreza do que antes, mais subnutrição, mais fome e mais desemprego.

A crise do Quênia, como a do planeta inteiro, deve-se ao contínuo crescimento da população, que depende dos recursos naturais em constante redução. Foi dessa conscientização que nasceu o Movimento Cinturão Verde, de Wangari Maathai.

Fundado em 1977, o Movimento Cinturão Verde devolveu aos quenianos objetivo e autoconfiança e, com seus programas educacionais, capacitou-os e transformou-os em cidadãos ativos e informados, que cobram do governo o cumprimento de suas responsabilidades. "Eu sempre achei", diz Wangari, "que nosso trabalho não era apenas plantar árvores, mas despertar nas pessoas o compromisso com o meio ambiente, com o sistema que as governa, com sua vida e seu futuro."

Hoje há quase cem mil membros do Movimento Cinturão Verde em todo o Quênia, os quais, além de cuidar de milhares de viveiros de mudas, foram instigados a desenvolver projetos locais. Em um vilarejo, por exemplo, o Movimento Cinturão Verde doa apiários aos agricultores em troca de árvores plantadas. Quando os agricultores plantam árvores em número suficiente, eles se tornam donos dos apiários e podem vender o mel a bons preços. Os agricultores também recebem cabras emprestadas. Se a cabra dá à luz uma fêmea e o agricultor doa o filhote a outro membro do movimento, ele torna-se dono da cabra-mãe, adquirindo, dessa forma, um bem pecuário requisitado. O dinheiro nunca muda de mãos, mas, desse modo simples, quem é pobre pode dar o primeiro passo em direção a melhorar a própria vida.

Através dos anos, o trabalho de Wangari Maathai tem demandado persistência e coragem. Em 1989, ela enfrentou o governo protestando contra o plano de construção de uma fábrica de 62 andares em Uhuru Park, na capital do país, Nairóbi. Em retaliação, o governo desapropriou o Movimento Cinturão Verde da sede que vinha ocupando por dez anos. Amigos de Wangari ficaram tão assustados com o que o governo poderia fazer contra ela que a mudaram diversas vezes de casa para protegê-la. O arranha-céu, no entanto, nunca foi construído.

Em 1999, Wangari e seus colaboradores, munidos de mudas, protestaram contra o plano do governo de vender pedaços da floresta Karura. Guardas de segurança cercaram o grupo e na batalha que se seguiu Wangari foi atingida e hospitalizada com ferimentos na cabeça. No entanto, os planos do governo, também, falharam.

Wangari não se considera corajosa. Ela simplesmente acredita que quem nutre forte sentimento a respeito de algum assunto e sabe o que tem de ser feito precisa agir.

Título original em inglês *Planting the trees of Kenya*
© Claire A. Nivola (texto e ilustrações), 2008
Publicado por acordo com Farrar, Straus e Giroux, LLC, Nova York.

Coordenação editorial Cláudia Ribeiro Mesquita e Graziela Ribeiro dos Santos
Revisão Marcia Menin e Carla Mello Moreira
Edição de arte Leonardo Carvalho
Diagramação Adriana Domingues de Farias
Produção industrial Alexander Maeda
Impressão Bartira

Dados Internacionais de Catalogação na Publicação (CIP)
(Câmara Brasileira do Livro, SP, Brasil)

Nivola, Claire A.
   Plantando as árvores do Quênia / Claire A. Nivola; tradução
Isa Mesquita. — 2. ed. — São Paulo: Edições SM, 2015.

   Título original: Planting the trees of Kenya
   ISBN: 978-85-418-1236-8

   1. Literatura infantojuvenil 2. Maathai, Wangari – Literatura
infantojuvenil 3. Mulheres ambientalistas – Quênia –
Biografia – Literatura infantojuvenil I. Título.

15-10129   CDD-028.5

Índices para catálogo sistemático:
   1. Literatura infantojuvenil 028.5
   2. Literatura juvenil 028.5

1ª edição brasileira 2010
14ª impressão 2025

Todos os direitos reservados à
SM Educação
Avenida Paulista 1842 – 18°Andar, cj. 185, 186 e 187 – Cetenco Plaza
Bela Vista 01310-945 São Paulo SP Brasil
Tel. (11) 2111-7400
atendimento@grupo-sm.com
www.smeducacao.com.br

*Para Gus, minha companhia em tudo,
para Po e Ney, que eu adoro,
e para os três maravilhosos Sams.*

*Dos inúmeros livros e outras fontes que consultei,
os mais úteis foram* The Green Belt Movement:
sharing the approach and the experience *(Lantern
Books, 2003) e* Unbowed: a memoir *(Knopf, 2006),
ambos de Wangari Maathai, e duas entrevistas para
a rádio nacional pública:* "Wangari Maathai" *(The
Connection, WBUR Boston, 21 de junho de 2005)
e* "Wangari Maathai: a watering can, some seedlings
and the greening of a nation" *(Living on Earth, 1°
de julho de 2005). Também gostaria de agradecer à
irmã Marie Louise Krenner, do Benedictine College, a
Robin Lubbock, da WBUR, e especialmente a Wanjira
Maathai e ao Movimento Cinturão Verde.*

FONTE Sabon PAPEL Couché 150 g/m²